BEI GRIN MACHT SICH IHR WISSEN BEZAHLT

- Wir veröffentlichen Ihre Hausarbeit, Bachelor- und Masterarbeit

- Ihr eigenes eBook und Buch - weltweit in allen wichtigen Shops

- Verdienen Sie an jedem Verkauf

Jetzt bei www.GRIN.com hochladen und kostenlos publizieren

Bibliografische Information der Deutschen Nationalbibliothek:

Die Deutsche Bibliothek verzeichnet diese Publikation in der Deutschen Nationalbibliografie; detaillierte bibliografische Daten sind im Internet über http://dnb.d-nb.de/ abrufbar.

Dieses Werk sowie alle darin enthaltenen einzelnen Beiträge und Abbildungen sind urheberrechtlich geschützt. Jede Verwertung, die nicht ausdrücklich vom Urheberrechtsschutz zugelassen ist, bedarf der vorherigen Zustimmung des Verlages. Das gilt insbesondere für Vervielfältigungen, Bearbeitungen, Übersetzungen, Mikroverfilmungen, Auswertungen durch Datenbanken und für die Einspeicherung und Verarbeitung in elektronische Systeme. Alle Rechte, auch die des auszugsweisen Nachdrucks, der fotomechanischen Wiedergabe (einschließlich Mikrokopie) sowie der Auswertung durch Datenbanken oder ähnliche Einrichtungen, vorbehalten.

Impressum:

Copyright © 2014 GRIN Verlag
Druck und Bindung: Books on Demand GmbH, Norderstedt Germany
ISBN: 9783668830073

Dieses Buch bei GRIN:

https://www.grin.com/document/446811

Jelka Petermann

Pornografische Lyrik im 20. Jahrhundert in Bertolt Brechts Liebesgedicht "Über die Verführung von Engeln"

GRIN Verlag

GRIN - Your knowledge has value

Der GRIN Verlag publiziert seit 1998 wissenschaftliche Arbeiten von Studenten, Hochschullehrern und anderen Akademikern als eBook und gedrucktes Buch. Die Verlagswebsite www.grin.com ist die ideale Plattform zur Veröffentlichung von Hausarbeiten, Abschlussarbeiten, wissenschaftlichen Aufsätzen, Dissertationen und Fachbüchern.

Besuchen Sie uns im Internet:

http://www.grin.com/

http://www.facebook.com/grincom

http://www.twitter.com/grin_com

Universität Kassel (WS 2013/2014)
Titel des Seminars: Einführung in die Gedichtanalyse
am Beispiel erotischer Gedichte des 20. Jahrhunderts

Pornografische Lyrik im 20. Jahrhundert am Beispiel von Bertolt Brechts Liebesgedicht „Über die Verführung von Engeln"

eingereicht von:

Jelka Petermann

Germanistik/Soziologie
Germanistik (1. Fachsemester)
Soziologie (1. Fachsemester)

Abgegeben am: 31.03.2014

Gliederung   **Seite**

1 Einleitung..2

2 Pornografische Lyrik..3

    2.1   Begriffsdefinition „Pornografie"..3

    2.2   Pornografische Literarisierung..3

    2.3   Ästhetische und moralische Grenzen

                    in der Gesellschaft des 20. Jahrhunderts..................................4

3 „Über die Verführung von Engeln"..5

    3.1   Gedichtanalyse..5

        3.1.1   Inhaltliche Analyse...5

        3.1.2   Formanalyse...6

    3.2   Gesamtinterpretation...7

4 Kontextualisierung..8

5 Fazit..9

6 Quellenverzeichnis..11

1 Einleitung

Hört man den Namen Bertolt Brecht, so denkt man an „Die Dreigroschenoper" oder an die „Geschichten von Herrn K.". Diese Werke sind mitunter die bekanntesten seiner Zeit und werden oft als Lehrmaterial verwendet. Auch seine Liebesgedichte haben Bekanntheitsgrad. Das Gedicht „Erinnerung an die Marie A.", welches er seiner Jugendliebe Rosa Maria Amann widmete, ist metaphorisch romantisch. Es handelt von der Vergänglichkeit der Liebe, verglichen mit einer weißen Wolke am Himmel.

Doch Brechts Liebeslyrik findet sich nicht nur auf der romantischen Ebene wieder. Ein Sonett, 1948 veröffentlicht, hat besonders meine Aufmerksamkeit erregt. Das Sonett „Über die Verführung von Engeln" ist anzüglich, direkt und frei von jedwedem Schamgefühl verfasst. Doch kann dieses Sonett als pornografisch gewertet werden? Die Frage nach dem erotischen Aspekt kann man in Anbetracht der Wortwahl, ausschließen. Daraus resultierend liegt der Schwerpunkt auf der korrekten Definition der Pornografie in dem literarischen Text.

Ziel dieser Arbeit ist es, das oben genannte Sonett zu analysieren. Um den Kontext zur pornografischen Lyrik herzustellen, beginne ich mit einer Beschreibung des Begriffs Pornografie, entnommen aus dem *Metzler Lexikon Literatur* von Dieter Burdorf, Christoph Fasbender und Burkhard Moenninghoff. Weiterhin möchte ich die Pornografie in der Literatur ansprechen. Dazu beziehe ich mich auf das Buch *Erotik in der europäischen Literatur* von Herbert van Uffelen. Die moralischen Grenzen der Gesellschaft des 20. Jahrhunderts erläutere ich mit Hilfe des Buches *Grenzformen der Sinnlichkeit im 20. Jahrhundert* von Peter Gorsen. Weiterführen werde ich meine Ausarbeitung mit der Gedichtanalyse, in der ich die Texte auf Merkmale der formalen Gestaltung, der sprachlichen Mittel, die Erzählperspektive und die gedankliche Struktur, mit Hilfe von Sekundärliteratur zu Analysetechniken, untersuchen werde. Die Methode, die Analyse in Unterpunkte zu gliedern, habe ich aus dem Buch *Arbeitsbuch Lyrik* von Felsner, Kristin; Helbig, Holger und Manz, Therese übernommen. Daraufhin folgt die Gedichtinterpretation. Im Anschluss versuche ich den Kontext im Bezug auf Thomas Mann und dessen Beziehung zu Brecht aufzustellen.

2 Pornografische Lyrik

2.1 Begriffsdefinition Pornografie

Der Begriff Pornografie lässt sich vom griechischen pornográphos = einer, der die Huren beschreibt, ableiten. Meist in der visuellen Darstellungsform wie Film oder Bildern wiederzufinden, ist die Pornografie ebenso in der Literatur vertreten. In der deutschen Sprache wird die Pornografie als schmutzig und schamlos bezeichnet, was sich durch die Gewichtung der sexuellen Handlungsweisen in den Darstellungsformen auszeichnet. Die Darstellung des sexuellen Aktes erfolgt in der Pornografie unter Ausschluss psychischer und partnerschaftlicher Verbindungen, was den Fokus auf das rein Sexuelle legt. {vgl. Burdorf 2007, S.600}

2.2 Pornografische Literarisierung

Die literarische Trennung zwischen erotischen und pornografischen Texten lässt sich nicht einfach werten. In der Erotik sind sämtliche Handlungen und Erzählungen über die Liebe, das Verlangen, aber auch den Sex einzuordnen. Um die Pornografie darin abzugrenzen, ist die Sichtweise jeden Lesers unterschiedlich zu betrachten. Die Denunzierung der pornographischen Literatur findet Unterschiede darin, in welcher Epoche, Region oder Gesellschaft die Texte entstehen und gewertet werden.
{vgl. Burdorf 2007, S.600}
Die Geschlechterrolle ist meist einseitig verteilt. Der Mann als dominierende Instanz beherrscht das devote Frauenbild und zeigt somit seine Überlegenheit.

„Die Pornografie ist meist verbunden mit Gewalt und Demütigung, in deren Zentrum die Frau als Ziel der negativen Emotion steht. Pornographische Texte sind phallisch und streng hierarchisch codiert." {van Uffelen 2007, S.15}

Die Verfasser beschränken sich hauptsächlich auf die Beanspruchung produktiver, wie auch rezeptiver Reize. Das heißt einerseits, die Verfasser wollen bewusst mit ihren Texten Erregungszustände hervorrufen, in dem sie den Anteil der sexuellen Beschreibungen priorisieren.
Andererseits ist es dem Leser frei, pornografische Texte als solche zu interpretieren und sich dadurch in einen Erregungszustand zu versetzen. Gedichte, Romane oder

Dramen, die man als rein pornografisch werten kann, sind spätestens in der alexandrinischen Kinädenpoesie wiederzufinden. {vgl. Burdorf 2007, S.600} Allerdings war die Kinädenpoesie eine erotische, sexuelle, parodistisch-satiristische Ableitung der alexandrinischen Dichtung, welche den Charakter der romantischen Verskunst aufrechterhält. {vgl. Burdorf 2007, S.379}

2.3 Ästhetische und moralische Grenzen in der Gesellschaft des 20. Jahrhunderts

1697 veröffentlichte Pierre Bayle sein *Dictionnaire historique et critique*, welches mitunter als erste Enzyklopädie in Frankreich galt. Anerkennung erntete er dennoch wenig, da seine obszöne und pornografische Verdeutlichung in Schriftform zu Vorwürfen der Verletzung des Schamgefühls des Lesers beitrüge. Johann Christoph Gottsched übersetzte es Mitte des 18. Jahrhunderts als erster in die deutsche Sprache, jedoch erfolgte dies unter strenger Zensur. Sein Wunsch: „[…], daß das Andenken aller Ueppigkeit vormaliger Zeiten mit einer ewigen Nachteit bedecket, und die Stellen alter Bücher, wo Zoten stehen, zu lauter Lücken würden" {Gorsen 1987, S.30}, teilte die Gesellschaft noch bis Anfang des 20. Jahrhunderts. Selbst Sexualforscher „[…] formulieren dort, wo sie ihr anstößiges Fallmaterial zitieren, in hermetischem Latein" {Gorsen 1987, S.31}

Nach Ansicht Bayles war aber genau diese Form von Geheimhaltung und Vorenthaltung des Pornografischen ein Auslöser des Interesses, denn „Die stärksten Obszönitäten sind noch immer die ungefährlichsten; erst ihre Geheimhaltung, Verrätselung oder behutsame Andeutung macht sie, […], für die Phantasie interessant […]" {Gorsen 1987, S.31}

Diese Meinung teilte auch Iwan Bloch und ging sogar noch einen Schritt weiter, denn für ihn gehörte die Pornografie zur Volksbildung. Die ungebildete Gesellschaft sollte ebenso die Ästhetik der Pornografie schätzen lernen, sodass die 'niedere Pornografie' keinen Zuspruch mehr fände.

Ebenso wie Bloch erlaubten sich auch andere Forscher und Ästhetiker des 20. Jahrhunderts wie Alfred Kind, Eduard Fuchs, bekannt als der 'Sitten Fuchs', Paul Englisch uvm. ein Urteil über die Verharmlosung pornografischer Ästhetik in der Kunst. „Doch keiner der fortschrittlichen Autoren machte sich dafür stark, daß wenigstens dieses so liberalisierte Pornographieverbot auf die ungebildeten Massen, auf die an 'Schundpornographie' gewohnten, ästhetisch unprivilegierten Massen ausgedehnt wird." {Gorsen 1987, S.34}

Sie begründen Ihre Meinung unter der Annahme, dass es ihre Aufgabe sei, die Masse der Wehrlosen vor der schlechten Pornografie schützen zu müssen.
{vgl. Gorsen 1987,S.34}

3 Über die Verführung von Engeln

Engel verführt man gar nicht oder schnell.
Verzieh ihn einfach in den Hauseingang
Steck ihm die Zunge in den Mund und lang
Ihm untern Rock, bis er sich naß macht, stell
Ihn das Gesicht zur Wand, heb ihm den Rock
Und fick ihn. Stöhnt er irgendwie beklommen
Dann halt ihn fest und laß ihn zweimal kommen
Sonst hat er dir am Ende einen Schock.

Ermahn ihn, daß er gut den Hintern schwenkt
Heiß ihn dir ruhig an die Hoden fassen
Sag ihm, er darf sich furchtlos fallen lassen
Dieweil er zwischen Erd und Himmel hängt —

Doch schau ihm nicht beim Ficken ins Gesicht
Und seine Flügel, Mensch, zerdrück sie nicht.

3.1 Gedichtanalyse
3.1.1 Inhaltliche Analyse

Einteilung in Sinnabschnitte
Strophe 1: Die Verführung des Engels
Strophe 2: Aufforderung an den Engel aktiv mitzuwirken.
Strophe 3: Ermahnung des lyrischen Ichs zur Vorsicht im Umgang mit dem Engel.

Brecht verfasste das Gedicht in der Perspektive des *lyrischen Ichs*.
Die Verwendung dieser Erzählform ist eine Methode, um den „Kurzschluss zwischen Gedicht und Dichter vorzubeugen". {Felsner 2012, S.15} Damit soll verhindert werden, dass der Leser keine Verbindung zu gedankliche Strukturen, Gefühlen, aber auch Handlungen zu dem Autor herstellt. {vgl. Felsner 2012, S.15}
Die Verwendung des Imperativs „drückt in seiner hauptsächlichen Verwendungsweise eine Handlungsaufforderung [...] aus." {Bussmann 2002, S.293} Dieser zieht sich durch das gesamte Sonett und hält dazu an, den Aufforderungen nachzukommen.
Aufschluss über den Ort der Handlung findet man in Vers 2, indem der Engel in den Hauseingang gezogen werden soll. Demnach befindet sich der Handlungsort unmittelbar bei einem Wohnhaus. Ob sich dieses Wohnhaus an einer Straße oder einem Weg befindet, ist nicht herauszulesen.

3.1.2 Formanalyse

Das Sonett erstreckt sich über 14 Versen zu drei Strophen, woraus die erste Strophe aus acht, die zweite Strophe aus vier und die dritte Strophe aus zwei Versen besteht. Die Strophen halbieren sich also in der Anzahl der Verse.
Erschließen lässt sich die Aufteilung unter Berücksichtigung des Reimschemas. Lässt sich noch die erste Strophe zu zwei Quartetten aufteilen, die jeweils einen umarmenden Reim enthalten, ist bei der Zusammenführung des Terzetts und Duetts kein Reimschema gegeben. In der ersten und zweiten Strophe finden wir insgesamt drei umarmende Reime, in der letzten liegt ein Paarreim vor. Das Reimschema sieht folgendermaßen aus:

1. Strophe: abba
              cddc

2. Strophe: effe

3. Strophe: gg

Die Silbenzahl variiert zwischen 9,10 und 11 in Zusammenhang mit unregelmäßig wechselnd männlichen und weiblichen Kadenzen. Ein Auftakt der Strophen ist mit Ausnahmen vorhanden, die sich in Z.1, 2, 5 und 10 wiederfinden und demzufolge mit einer Hebung beginnen.
Ein einheitliches Metrum lässt sich auf Grund der „[…] freirythmisch, aber noch gereimten Langverse" nicht bestimmen. {Elit 2008, S.178}
Daraus lässt sich schließen, dass dieses Sonett in der Form der „Vers Libres" verfasst ist, also: Die gereimten Verse sind metrisch ungebunden. {vgl. Burdorf 2007,S.806}
Weiterhin sind in Z. 3-5 und 10 Enjambements, also „Zeilensprünge in Verstexten" wiederzufinden. „Das Enjambement dient der Variation der Sprachführung und lockert […] die durch Wiederholung eines identischen Versschemas drohende Eintönigkeit längerer Verstexte." {Burdorf 2007, S.191}

3.2 Gesamtinterpretation

Bertold Brecht beschreibt in dem Sonett „Über die Verführung von Engeln" eine Vergewaltigungsszene. Es eine Aufforderung Brechts lyrischem Ichs zu dieser Tat. Gleich zu Beginn ist die Offensichtlichkeit des Gegenteils zwischen Überschrift und des Inhalts der Verse ersichtlich. Weist die Überschrift durch die Verwendung der Substantive „Engel" und „Verführung" auf die Romantik der Erzählung hin, so findet man nichts dergleichen im weiteren Textverlauf. Schon im ersten Satz kommt die Aufforderung die Verführung „schnell" geschehen zu lassen, was eine sinnliche, romantische Herangehensweise einer Verführung widerspricht. Durch die Verwendung bestimmter Verben nimmt Brecht dem Leser die anmutende Vorstellung einer Verführungsszene und ersetzt sie mit unverblümten Tatsachen. Sätze wie „Steck ihm die Zunge in den Mund" oder „[…] heb ihm den Rock Und fick ihn.", lassen keinen Raum für romantische Fantasien.
Zwar ist durch das Substantiv „Engel", das zumeist in der weiblichen Form Zuspruch findet, die Szene voraussehbar, aber als solche dennoch nicht eindeutig identifizierbar, denn Brecht brachte das Sonett unter der Signatur Thomas Manns heraus. Mann hatte eine homoerotische Neigung, die er allerdings nie offen zugab.[1] Schaut man sich nun die Strophen genauer an, sind Merkmale an die Gesinnung Manns geknöpft. Die

---

1 vgl. Karasek, Hellmuth: Der Schock, ein anderer zu sein.
http://www.spiegel.de/spiegel/print/d-13491660.html (13.01.2014)

Aufforderung „[...] ihm untern Rock" zu langen und dadurch die Nässe in diesem zu provozieren, spielt nicht etwa auf die Damenbekleidung und die Ausscheidung erregter Körperflüssigkeit des weiblichen Geschlechts an. Der Rock oder Gehrock wurde überwiegend im 19. Jahrhundert in der männlichen Gesellschaft getragen.[2] Spricht Brecht nun auf das sich einnässen im Rock an, könnte man annehmen, dass ein Junge, bekleidet mit einem Gehrock, sich vor Angst die Hose einnässt.

Unter der Voraussetzung, den Engel zweimal kommen zu lassen, da er sonst einen Schock erleide, gibt Brecht Veranlassung, die Lust dennoch auf beider Seiten gleichstellen zu wollen. Damit ist die Aufforderung, dass der Engel sich „furchtlos fallen lassen" dürfe, unter Berücksichtigung der erwiderten Zuneigung, begründet.

4 Kontextualisierung

Zwischen Bertolt Brecht und Thomas Mann bestand eine Antipathie. Sie mochten sich nicht, das sich in Aussagen über den jeweils anderen widerspiegelte. So hat z.b. Mann einmal über Brecht gesagt: „Das Scheusal hat Talent!". {Kugli 2006, S.187}

Auch Katia Mann, die Ehefrau von Thomas Mann, bestätigte deren gegenseitige Abneigung. „Zwischen Brecht und meinem Mann bestand keine Sympathie. Sie passten irgendwie nicht zueinander." {Kugli 2006, S.187}

Über Jahrzehnte hinweg entwickelte sich ein regelrechter Hass aufeinander, wobei es Brecht war, der eine größere Abneigung gegen das „Reptil", wie er Mann bezeichnete, hatte. Brecht erklärte in einer Rezension, dass Manns Werke Schriften eines „repräsentativen Vertreters deutschen Schrifttums" {Kugli 2006, S.187} seien. „Ihr Horizont scheint mir sehr klein, [...] ihr kultureller Wert verschwindend." {Kugli 2006, S.187}

Thomas Mann befand, dass es zwar Generationsunterschiede gäbe, diese aber gering seien. Brecht entgegnete darauf, dass „nach meiner Ansicht in einem eventuellen Disput zwischen einer Droschke und einem Auto es bestimmt die Droschke sein wird, die den Unterschied geringfügig findet." {Kugli 2006, S.187}

Obwohl beide durch ihre antifaschistische Haltung ins Exil flüchteten, und somit einen ähnlichen Weg einschlugen, kam es weiterhin zu Konfrontationen untereinander. Brecht „beneidete Mann um die Stellung als Meinungsführer" {Kugli 2006, S.187} in

---

2 vgl. http://de.wikipedia.org/wiki/Gehrock (13.01.2014)

den USA, denn „obwohl er ihn für politisch inkompetent hielt, war er auf ihn angewiesen." {Kugli 2006, S.187} Als Mann sich aus der Position des Meinungsführers zurückzog, entgegnete Brecht verärgert, dass Mann „mehr als irgendein anderer von uns das Ohr Amerikas" {Kugli 2006, S.187} habe.
Die angespannte Situation fand sich dann auch in den Veröffentlichungen der beiden Sonette *Über die Verführung von Engeln* und *Saune und Beischlaf*, die Brecht unter Thomas Manns Namen veröffentlichte, wieder. {vgl. Kugli 2006, S.187}

5 Fazit

Der Gedanke, den Brecht trug, dieses Sonett zu verfassen, ist mir schlüssig und doch respektlos. Erst nach genauer Betrachtung erschloss sich mir der Kontext zu Thomas Mann und zeigte den Inhalt aus einer neuen Perspektive. Die perverse Phantasie eines Kollegen für eine Veröffentlichung solch eines Gedichts zu verwenden und dieses dann auch unter dessen Namen herausgeben zu lassen, gibt mir die Veranlassung zur Kränkung Brechts durch Thomas Mann. Ob er sich nun bedroht fühlte, oder einfach nur feindselig Mann gegenüber stand, ist diskutabel.
Ebenfalls, wirft man einen Blick auf Brechts Leben, erschließt sich mir der Inhalt mit der Wortwahl. Brecht war ein Frauenheld und scheute nicht vor eigennützigen Taten.
Leider fand ich kaum Sekundärliteratur zu diesem Sonett, was mir meine Arbeit erheblich erschwerte. Ich könnte mir vorstellen, dass dies für Lehrmaterial ungeeignet sein könnte. Mir hat es jedoch gezeigt, dass auch hinter den Fassaden großer Dichter und Künstler etwas größere Zyniker stecken können.

Bei meiner Recherche fand ich einen interessanten Artikel in einer früheren Ausgabe des Magazins DER SPIEGEL. Der Verfasser hat den Engel zwar mit dem weiblichen Geschlecht verglichen, aber auch dadurch die verwendeten Verben beschrieben.
So schrieb Reinhard Baumgart, dass sich Brecht „[...] gerade als Mann sehr unbedenklich groß gefühlt hat, und das fast immer auf Kosten jedes anderen Geschlechts, das er gern altdeutsch oder oberdeutsch tönend unter dem Herdennamen >Weiber< oder >Menscher< zusammenfaßte."[3]

---

3 Reinhard Baumgart: Baal auf Balz. http://www.spiegel.de/spiegel/print/d-14356569.html (13.01.2014)

Das Buch Brechts Gedichte über Liebe, in denen erstmals solche pornografischen Gedichte und Sonette auftauchten, hätte nach Baumgarts Meinung in den „Giftschränken oder -schubladen" bleiben sollen.

Das Buch Brechts *Gedichte über Liebe*, in denen erstmals solche pornografischen Gedichte und Sonette auftauchten, hätte nach Baumgarts Meinung in den „Giftschränken oder -schubladen" bleiben sollen.[4]

„Gerade der scharfen Ware ist das lange Ablagern nicht gut bekommen. Die Verse über „Ficken" und „Vögeln", „Fosen" und „Schwänze", die gestern oder vorgestern […] noch Provokationen gewesen sein mochten, haben inzwischen viel Muff in dich aufgesogen."[5]

---

4 Ebd.
5 Ebd.

6 Quellenverzeichnis

- Brecht, Bertolt (1993): Werke. Grosse kommentierte Berliner und Frankfurter Ausgabe. 1. Aufl. Berlin, Frankfurt am Main: Aufbau-Verlag; Suhrkamp.

- Burdorf, Dieter (1997): Einführung in die Gedichtanalyse. 2., überarbeitete und aktualisierte Aufl. Stuttgart: J.B. Metzler (Sammlung Metzler, Bd. 284).

- Burdorf, Dieter; Fasbender, Christoph; Moennighoff, Burkhard; Schweikle, Günther; Schweikle, Irmgard (2007): Metzler Lexikon Literatur. Begriffe und Definitionen. 3., völlig neu bearb. Aufl. Stuttgart: Metzler.

- Bussmann, Hadumod; Gerstner-Link, Claudia (2002): Lexikon der Sprachwissenschaft. 3., aktualisierte und erw. Aufl. Stuttgart: Kröner.

- Elit, Stefan (2008): Lyrik. Formen -- Analysetechniken -- Gattungsgeschichte. Paderborn: Wilhelm Fink (Literaturwissenschaft elementar, 3111).

- Felsner, Kristin; Helbig, Holger; Manz, Therese (2012): Arbeitsbuch Lyrik. 2., aktualisierte Aufl. Berlin: Akad.-Verl (Akademie-Studienbücher : Literaturwissenschaft).

- Gorsen, Peter (1987): Sexualästhetik. Grenzformen der Sinnlichkeit im 20. Jahrhundert. Orig.-Ausg. Reinbek bei Hamburg: Rowohlt-Taschenbuch-Verl. (Rowohlts Enzyklopädie, 447).

- Kugli, Ana; Opitz, Michael (2006): Brecht Lexikon. Stuttgart: Verlag J.B. Metzler.

- van Uffelen, Herbert; Seidler, Andrea (2007): Erotik in der europäischen Literatur. Textualisierung, Zensur, Motive und Modelle. Wien: Praesens.

- http://www.spiegel.de/spiegel/print/d-14356569.html (Stand 13.01.2014)

- http://www.spiegel.de/spiegel/print/d-13491660.html (Stand 13.01.2014)

- http://de.wikipedia.org/wiki/Gehrock (Stand 13.01.2014)

BEI GRIN MACHT SICH IHR WISSEN BEZAHLT

- Wir veröffentlichen Ihre Hausarbeit, Bachelor- und Masterarbeit

- Ihr eigenes eBook und Buch - weltweit in allen wichtigen Shops

- Verdienen Sie an jedem Verkauf

Jetzt bei www.GRIN.com hochladen und kostenlos publizieren